TANJA DUSY

US-BAKERY

FOTOGRAFIE: VIVI D'ANGELO, COCO LANG

INHALT

Öffnen Sie die Klappen dieses Buches.
Dort finden Sie die wichtigsten Infos zum Thema auf einen Blick!

DAS PRINZIP:
US-BAKERY

PIMP YOUR
(CUP-)CAKES

Immer griffbereit:

SO GEHT'S:
DER PERFEKTE TEIG

Immer griffbereit:

SO GEHT'S:
CUPCAKES
DEKORIEREN

GU
CLOU

Wussten Sie schon, dass …?
Entdecken Sie bei einigen ausgewählten Rezepten ganz besondere Tipps mit verblüffendem Insiderwissen. Aha-Momente garantiert!

Die Backzeiten können je nach Herd variieren. Unsere Temperaturangaben beziehen sich auf das Backen im Elektroherd mit Ober- und Unterhitze.

Sammeln Ihrer Lieblingsrezepte mit der »GU Kochen Plus«-App (siehe S. 64)

REZEPTKAPITEL

TANJA DUSY

Brownies und Carrot Cake – diese süßen Sünden made in USA gönnt sich Autorin Tanja Dusy gerne ab und an im Coffeeshop. Das geht ganz schön ins Geld und ist nicht immer authentisch. Drum lautet ihre Devise: selbst machen – wie in der US-Bakery!

Backen Sie oft amerikanisch?

Auch wenn mein Herz gleichermaßen für französische Patisserie und deutschen Apfelkuchen schlägt, muss ich gestehen: immer öfter. Nicht zuletzt, weil die meisten amerikanischen Spezialitäten superschnell und supereinfach gelingen. Sozusagen »foolproof«, selbst bei nicht allzu versierten Bäckern.

Warum gelten dann viele US-Rezepte als kompliziert?

Natürlich kann es schiefgehen, wenn ich völlig unbedarft mit Originalrezepten losbacken will: Gewichtsangaben in Cups und Spoons sind oft die erste Hürde, hier nicht gängige Zutaten die zweite. Wenn ich z. B. »All Purpose Flour« in einer Tasse abmesse und diese anschließend mit »Cake Flour« – einem mit Stärke versetzten Mehl – fülle, habe ich einen Gewichtsunterschied von fast 30 Gramm, weil beide unterschiedliche Volumen haben. Das muss man beachten und gute Produktalternativen kennen.

Braucht man eine Extraausrüstung und spezielle Lebensmittel?

Nein, ich habe alle Rezepte für Good Old Germany angepasst: auf hiesige Waagen, gut erhältliche Lebensmittel und gängige deutsche Packungsgrößen. So backe ich meist restelos mit einem ganzen 250-Gramm-Päckchen Butter statt mit 240 Gramm (was 1 Cup entspricht). Ein paar typische Zutaten, z. B. Marshmallows, gönne ich mir aber, damit es so richtig yummy schmeckt.

COOKIE DOUGH – KEKSTEIG ZUM NASCHEN

100 g weiche Butter in Stücke schneiden.

Mit je 50 g braunem und normalem Zucker cremig rühren.

2 EL Milch und ½ TL Bourbon-Vanille-Extrakt unterrühren.

180 g Mehl mit 1 Prise Salz unterrühren.

80 g Schokotropfen unterheben.

Damit das Mehl auch sicher keimfrei ist, 12–15 Min. in einer ofenfesten Form bei 120° erhitzen. Den Teig noch am selben Tag verzehren, zum Backen eignet er sich nicht.

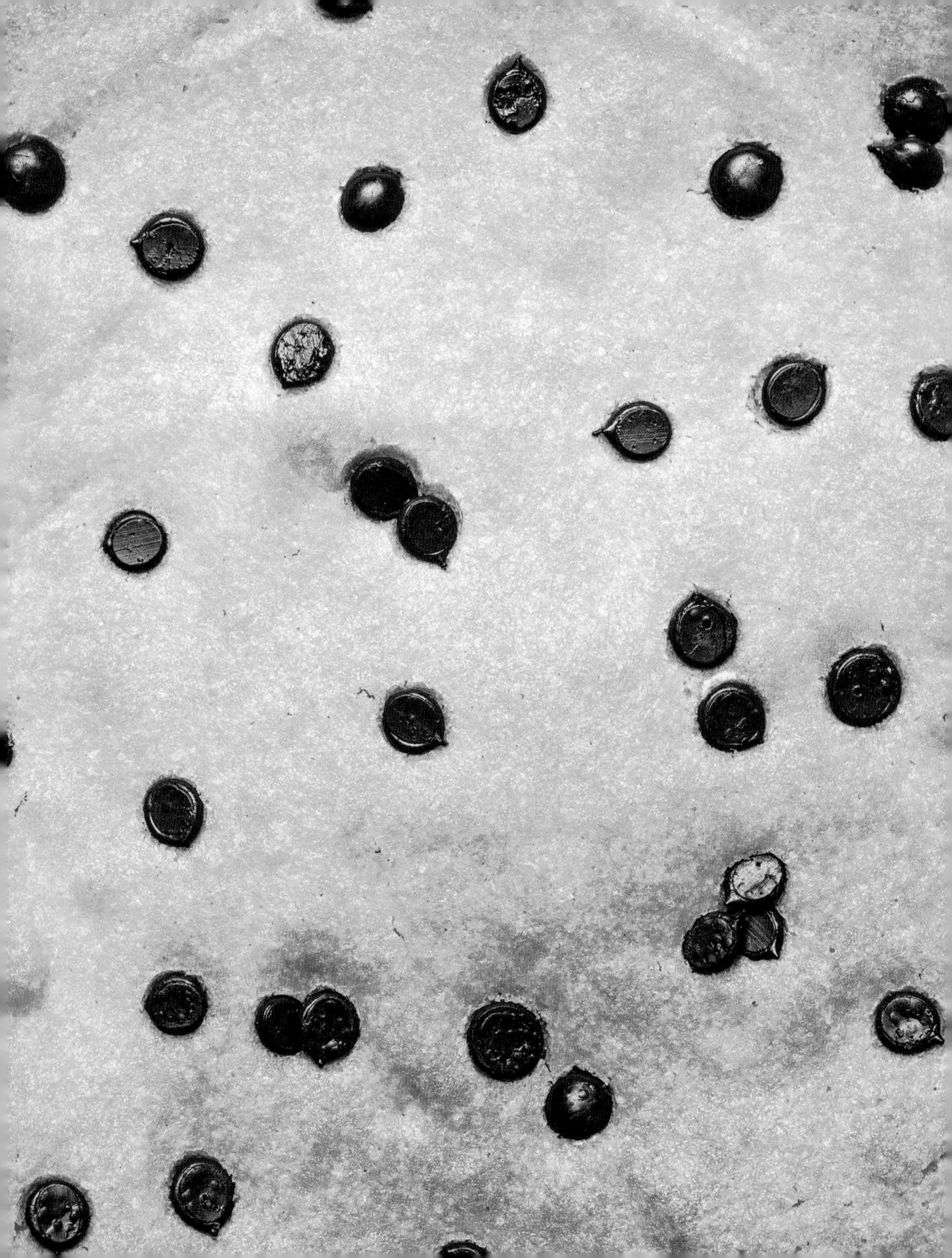

COOKIES, BROWNIES & BARS

Für ca. 30 Stück • 30 Min. Zubereitung • 20 Min. Kühlen • 15 Min. Backen (pro Blech) •
Pro Stück ca. 175 kcal, 2 g E, 11 g F, 16 g KH

CHOCOLATE & NUT COOKIES

KLASSIKER

120 g Haselnusskerne
250 g weiße Schokolade
200 g weiche Butter
100 g Zucker
50 g brauner Rohrohrzucker
2 Eier (M)
200 g Mehl
Salz
30 g Kakaopulver
1 TL Backpulver

1 Haselnüsse und Schokolade grob hacken. Die Butter in Stücke schneiden und mit den Schneebesen des Handrührgeräts cremig rühren, dabei nach und nach beide Zuckersorten einrieseln lassen. Die Eier nacheinander unterrühren. Mehl, ½ TL Salz, Kakao und Backpulver mischen und mit den Nüssen und der Schokolade kurz unter die Butter-Ei-Masse rühren. Den Teig zugedeckt 20 Min. kalt stellen. Inzwischen den Backofen auf 175° vorheizen, zwei Bleche mit Backpapier auslegen.

2 Mit einem Esslöffel jeweils eine Teigportion abnehmen und diese zu einer Kugel formen. Die Kugeln mit etwas Abstand zueinander auf den Blechen verteilen und leicht flach drücken. Die Bleche nacheinander in den heißen Ofen (Mitte) schieben und die Cookies 12–15 Min. backen. Herausnehmen, kurz abkühlen lassen, dann die Kekse mitsamt dem Backpapier auf ein Kuchengitter ziehen und vollständig auskühlen lassen.

Für ca. 25 Stück • 30 Min. Zubereitung • 1 Std. Kühlen • 12 Min. Backen (pro Blech) •
Pro Stück ca. 225 kcal, 5 g E, 13 g F, 21 g KH

STICKY PEANUT BUTTER COOKIES

EINFACH

100 g Erdnusskerne (geröstet und gesalzen)
100 g Sahnetoffees
200 g weiche Butter
200 g Erdnusscreme
100 Zucker
100 g brauner Rohrohrzucker
¼ TL Bourbon-Vanille-Extrakt
2 Eier (M)
300 g Mehl
1 ½ TL Backpulver

AUSSERDEM
Eisportionierer

1 Erdnüsse grob hacken, Sahnetoffees klein schneiden. Butter in Stücke schneiden und mit der Erdnusscreme mit den Schneebesen des Handrührgeräts cremig rühren, dabei nach und nach beide Zuckersorten einrieseln lassen. Vanille-Extrakt und Eier nacheinander unterrühren. Mehl und Backpulver mischen und mit Erdnüssen und Karamellstücken kurz unter die Butter-Ei-Masse rühren. Den Teig 1 Std. kalt stellen.

2 Inzwischen den Backofen auf 175° vorheizen, zwei Backbleche mit Backpapier auslegen. Mit dem Eisportionierer jeweils eine halbe Kugel vom Teig abnehmen und diese mit der gewölbten Seite nach oben mit Abstand zueinander auf den Blechen verteilen. Die Bleche nacheinander in den heißen Ofen (Mitte) schieben und die Kekse 10–12 Min. backen. Herausnehmen, kurz abkühlen lassen, dann die Kekse mitsamt dem Backpapier auf ein Kuchengitter ziehen und vollständig auskühlen lassen.

Für 1 Cookie (22 cm ∅), 16 Stücke • 30 Min. Zubereitung • 50 Min. Kühlen • 30 Min. Backen • Pro Stück ca. 195 kcal, 2 g E, 11 g F, 23 g KH

PFANNENCOOKIE MIT SCHOKOFÜLLUNG

FÜR KINDER

120 g Haselnuss-Nugat-Creme
125 g Butter
100 g brauner Rohrohrzucker
50 g Zucker
½ TL Bourbon-Vanille-Extrakt
1 Ei (M)
180 g Mehl
1 TL Speisestärke
1 TL Backpulver
Salz
40 g Zartbitter-Schokotropfen

AUSSERDEM
Gusseisenpfanne (22 cm ∅)

MEHR DARAUS MACHEN
Den Pfannencookie am besten lauwarm mit einer großen Kugel Vanilleeis servieren.

1 Die Haselnuss-Nugat-Creme auf einem Bogen Backpapier zu einem gleichmäßigen Kreis (ca. 20 cm ∅) ausstreichen. Einen zweiten Bogen Backpapier darüberlegen und die Creme im Gefrierfach anfrieren lassen.

2 Inzwischen die Butter in der Gusseisenpfanne bei großer Hitze schmelzen lassen, bis sie schäumt und bräunt. In eine Schüssel gießen und 15–20 Min. abkühlen lassen – die Pfanne nicht auswischen, lediglich evtl. vorhandenen dunklen Bodensatz entfernen.

3 Beide Zuckersorten und Vanille-Extrakt mit den Schneebesen des Handrührgeräts unter die Butter rühren, dann das Ei gründlich unterschlagen. Mehl, Stärke, Backpulver und ⅓ TL Salz mischen und unterrühren. Den Teig halbieren. Eine Teighälfte auf dem Boden der Pfanne glatt drücken. Die Haselnuss-Nugat-Creme aus dem Backpapier lösen und darauflegen. Übrigen Teig darauf glatt drücken, dabei die Schokotropfen einarbeiten. Den Teig an den Rändern zusammendrücken, damit keine Nugatcreme herausfließt. Alles 30 Min. kalt stellen.

4 Den Backofen auf 175° vorheizen. Den Cookie im heißen Ofen (Mitte) in ca. 30 Min. goldbraun backen. Herausnehmen, abkühlen lassen und in Stücke schneiden.

Für ca. 25 Stück • 20 Min. Zubereitung • 15 Min. Backen (pro Blech) • Pro Stück ca. 100 kcal, 1 g E, 5 g F, 12 g KH

SNICKERDOODLES

WINTER-REZEPT

1 TL Zimtpulver
160 g Zucker
150 g weiche Butter
Salz
1 Ei (M)
200 g Mehl
1 TL Backpulver

1 Den Backofen auf 175° vorheizen, zwei Backbleche mit Backpapier auslegen. Zimt und 3 EL Zucker mischen. Butter in Stücke schneiden und mit den Schneebesen des Handrührgeräts cremig rühren, dabei nach und nach den restlichen Zucker und ¼ TL Salz zugeben. Das Ei zufügen und alles zu einer luftigen Creme verrühren.

2 Mehl, Backpulver und 1 TL Zimtzucker mischen und kurz mit der Butter-Zucker-Masse verrühren. Aus dem Teig ca. 3 cm große Kugeln formen, diese im Zimtzucker wälzen und mit Abstand zueinander auf den Blechen verteilen. Die Kugeln leicht flach drücken (ca. 1,5 cm hoch) und mit dem übrigen Zimtzucker bestreuen.

3 Die Bleche nacheinander in den heißen Ofen (Mitte) schieben und die Snickerdoodles in 12–15 Min. hellbraun backen. Die Kekse herausnehmen, kurz abkühlen und dann auf einem Kuchengitter vollständig auskühlen lassen.

Für ca. 32 Stück • 20 Min. Zubereitung • 1 Std. Kühlen • 10 Min. Backen (pro Blech) •
Pro Stück ca. 90 kcal, 1 g E, 4 g F, 13 g KH

GINGER SNAPS

FÜR WEIHNACHTEN

150 g weiche Butter
150 brauner Rohrohrzucker
1 Ei (L)
75 g Zuckerrohrmelasse (ersatzweise Rübensirup)
280 g Mehl
Salz
1 ½ TL Natron
1 ½ TL Ingwerpulver
1 TL Zimtpulver
½ TL gemahlener Kardamom
4 EL Zucker

1 Butter in Stücke schneiden und mit den Schneebesen des Handrührgeräts cremig rühren, dabei nach und nach den Rohrohrzucker zugeben. Das Ei zufügen und alles zu einer luftigen Masse verrühren. Die Melasse untermischen. Mehl, ½ TL Salz, Natron und Gewürze mischen und kurz unterrühren. Den Teig in Frischhaltefolie wickeln und 1 Std. kalt stellen.

2 Den Backofen auf 175° vorheizen, zwei Bleche mit Backpapier auslegen. Den Teig in vier Portionen teilen. Aus jeder Portion ca. acht gleich große Bällchen formen und diese im Zucker wälzen. Mit Abstand zueinander auf den Blechen verteilen und leicht flach drücken (ca. 1,5 cm hoch).

3 Die Bleche nacheinander in den heißen Ofen (Mitte) schieben und die Kekse 8–10 Min. backen. Herausnehmen, kurz abkühlen und dann auf einem Kuchengitter vollständig auskühlen lassen.

Für ca. 25 Stück • 30 Min. Zubereitung • 30 Min. Kühlen • 15 Min. Backen (pro Blech) • Pro Stück ca. 105 kcal, 2 g E, 4 g F, 14 g KH

HAFERFLOCKEN-ROSINEN-COOKIES

KLASSIKER

100 g weiche Butter
50 g Zucker
70 g brauner Rohrohrzucker
1 Ei (L)
120 g Mehl
½ TL Backpulver
Salz
½ TL Zimtpulver
150 g kernige Haferflocken
120 g Rum-Rosinen (Fertigprodukt oder selbst gemacht)

1 Die Butter mit den Schneebesen des Handrührgeräts cremig rühren, dabei nach und nach beide Zuckersorten einrieseln lassen. Das Ei gründlich unterrühren. Mehl mit Backpulver, ¼ TL Salz und Zimt mischen. Die Mehlmischung kurz unter die Buttermasse rühren. Dann Haferflocken und Rosinen unterheben. Den Teig zu einer Kugel formen, in Frischhaltefolie wickeln und 30 Min. kalt stellen.

2 Den Backofen auf 175° vorheizen, zwei Bleche mit Backpapier auslegen. Aus dem Teig ca. 25 gleich große Kugeln formen und diese mit Abstand zueinander auf den Blechen verteilen. Die Kugeln leicht flach drücken. Die Bleche nacheinander in den heißen Ofen (Mitte) schieben und die Kekse in 12–15 Min. goldbraun backen. Herausnehmen, kurz abkühlen und dann auf einem Kuchengitter vollständig auskühlen lassen.

Für ca. 40 Stück • 25 Min. Zubereitung • 2 Std. Kühlen • 15 Min. Backen (pro Blech) •
Pro Stück ca. 90 kcal, 2 g E, 4 g F, 10 g KH

CHOCOLATE CRINKLE COOKIES

FÜR WEIHNACHTEN

250 g Zartbitter-Schokolade
150 g Mehl
60 g Kakaopulver
Salz
2 TL Backpulver
60 g weiche Butter
200 g Puderzucker
2 Eier (M)

AUSSERDEM

Puderzucker zum Wälzen

1 Schokolade in Stücke brechen und in einer Schüssel über dem heißen Wasserbad schmelzen. Inzwischen Mehl, Kakao, 2 Prisen Salz und Backpulver mischen. Butter in Stücke schneiden und mit den Schneebesen des Handrührgeräts cremig rühren, dabei nach und nach den Puderzucker einrieseln lassen. Erst die Eier nacheinander unterrühren, dann die Schokolade. Die Mehlmischung kurz unterrühren. Den Teig 2 Std. kalt stellen.

2 Den Backofen auf 175° vorheizen, zwei Bleche mit Backpapier auslegen. Vom Teig walnussgroße Stücke abstechen und zu Kugeln rollen. Diese sofort in Puderzucker wälzen. Alle Kugeln nochmals in Puderzucker wälzen, bis sie dick überzogen sind. Mit Abstand zueinander auf den Blechen verteilen. Die Bleche nacheinander in den heißen Ofen (Mitte) schieben und die Cookies 12–15 Min. backen. Die Ränder sollten fest, aber das Innere noch weich sein. Auf den Blechen auskühlen lassen.

Für 1 quadratische Springform (24 × 24 cm), 24 Stücke • 25 Min. Zubereitung • 20 Min. Backen • Pro Stück ca. 235 kcal, 3 g E, 15 g F, 21 g KH

MACADAMIA BLONDIES

FÜR GÄSTE

150 g Macadamianusskerne (geröstet und gesalzen)
200 g weiße Schokolade
200 g Butter
3 Eier (M)
180 g Zucker
1 TL Bourbon-Vanille-Extrakt
280 g Mehl

1 Den Backofen auf 175° vorheizen. Die Form komplett mit Backpapier auslegen. Macadamianüsse grob hacken. Schokolade in Stücke brechen, die Butter klein schneiden und beides in einer Schüssel über dem heißen Wasserbad bei niedriger Hitze schmelzen lassen.

2 Inzwischen die Eier mit den Schneebesen des Handrührgeräts schaumig rühren, dabei nach und nach Zucker und Vanille-Extrakt zugeben. Die geschmolzene Schoko-Butter-Mischung unter die Eiermasse rühren. Dann Mehl und zwei Drittel der Macadamias kurz mit einem Teigspatel untermengen.

3 Den Teig in die Form füllen. Übrige Macadamias gleichmäßig obenauf streuen. Den Blondie im heißen Ofen (Mitte) ca. 20 Min. backen. Die Ränder sollten fest, das Innere aber noch weich sein. Aus dem Ofen nehmen, in der Form abkühlen lassen, dann aus Form und Papier lösen und in ca. 4 × 6 cm große Stücke schneiden.

Für 1 quadratische Springform (24 × 24 cm), 24 Stücke • 25 Min. Zubereitung • 20 Min. Backen • Pro Stück ca. 180 kcal, 2 g E, 11 g F, 17 g KH

DOUBLE CHOCOLATE BROWNIES

EINFACH

180 g Zartbitter-Schokolade
100 g weiße Schokolade
180 g Butter
3 Eier (M)
220 g Zucker
1 TL Bourbon-Vanille-Extrakt
90 g Mehl
20 g Kakaopulver

1 Den Backofen auf 175° vorheizen. Die Form komplett mit Backpapier auslegen. Beide Schokoladensorten getrennt voneinander klein hacken. Butter in Stücke schneiden. Zartbitter-Schokolade mit der Butter in einer Schüssel über dem heißen Wasserbad bei kleiner Hitze schmelzen lassen.

2 Inzwischen die Eier mit den Schneebesen des Handrührgeräts schaumig rühren, dabei nach und nach Zucker und Vanille-Extrakt zugeben. Mehl mit Kakao mischen. Die geschmolzene Schoko-Butter-Mischung unter die Eiermasse rühren. Dann die Mehlmischung und die weiße Schokolade kurz mit einem Teigspatel untermengen.

3 Den Teig in die Form füllen. Den Brownie im heißen Ofen (Mitte) ca. 20 Min. backen. Die Ränder sollten fest, das Innere weich sein. Aus dem Ofen nehmen, in der Form abkühlen lassen, dann aus Form und Papier lösen und in ca. 4 × 6 cm große Stücke schneiden.

Für 1 quadratische Springform (24 × 24 cm), 16 Stücke • 15 Min. Zubereitung • 30 Min. Kühlen • 45 Min. Backen • Pro Stück ca. 290 kcal, 2 g E, 13 g F, 41 g KH

RASPBERRY CRUMBLE BARS

SCHNELL

400 g TK-Himbeeren
½ Bio-Zitrone
280 g Mehl
1 TL Backpulver
Salz
400 g brauner Rohrohrzucker
225 g Butter
2 EL Himbeerkonfitüre
1 EL Vanillepuddingpulver

AUSSERDEM
Butter für die Form

TAUSCH-TIPP
Man kann die gefrorenen Himbeeren natürlich auch durch TK-Heidelbeeren oder eine TK-Beerenmischung ersetzen oder aber frische Himbeeren nehmen – wichtig ist, dass tiefgekühlte Früchte richtig gut abgetropft sind!

1 Die Himbeeren in einem Sieb über eine Schüssel gehängt auftauen und anschließend gründlich abtropfen lassen. Inzwischen die Zitronenhälfte heiß waschen und abtrocknen, die Schale abreiben und den Saft auspressen. 250 g Mehl, Backpulver, ½ TL Salz, Zitronenschale und 350 g Zucker mischen. Die Butter bei kleiner Hitze schmelzen lassen, sie sollte dabei nicht bräunen. Die geschmolzene Butter zur Mehlmischung geben und alles mit den Fingern zu groben Streuseln verarbeiten. Diese 30 Min. kalt stellen.

2 Den Backofen auf 175° vorheizen. Die Form buttern. Etwa zwei Drittel der Streusel in die Form geben und mit den Händen fest am Boden andrücken. Den Boden im heißen Ofen (Mitte) 10 Min. backen.

3 Inzwischen die Himbeeren mit dem übrigen Zucker, der Himbeerkonfitüre und 3 EL Zitronensaft mischen. Zuletzt das restliche Mehl und Puddingpulver gründlich unterrühren.

4 Den Teigboden aus dem Ofen nehmen. Die Himbeermasse darauf verteilen und die übrigen Streusel obenauf streuen. Die Form wieder in den Ofen schieben und den Kuchen in weiteren 30–35 Min. goldbraun backen. Herausnehmen und auskühlen lassen. Den Kuchen aus der Form lösen und mit einem scharfen Messer in 16 gleich große Quadrate schneiden.

Für 1 quadratische Springform (24 × 24 cm), 16 Stücke • 20 Min. Zubereitung • 40 Min. Backen •
Pro Stück ca. 190 kcal, 3 g E, 7 g F, 29 g KH

LEMON SQUARES

GÜNSTIG

100 g kalte Butter
180 g Mehl
300 g Zucker
Salz
3 Zitronen
3 Eier (L)
3 EL Milch
2 EL Puderzucker zum Bestäuben

1 Den Backofen auf 175° vorheizen. Backpapier auf dem Boden der Springform einspannen. Butter in Stücke schneiden. 150 g Mehl, 100 g Zucker und ½ TL Salz mischen. Butter zugeben und alles mit den Fingern krümelig reiben. Den Teig in die Form geben und fest am Boden andrücken. Den Boden im heißen Ofen (Mitte) in 15–20 Min. goldbraun backen.

2 Aus den Zitronen 120 ml Saft auspressen. Übriges Mehl, restlichen Zucker und 2 Prisen Salz mischen. Mit Eiern, Zitronensaft und Milch mit dem Schneebesen glatt rühren, nicht schaumig schlagen.

3 Den Boden aus dem Ofen nehmen und die Zitronenmasse daraufgießen. Die Temperatur auf 160° reduzieren. Den Kuchen weitere 18–20 Min. backen, bis der Belag fest ist. Herausnehmen und abkühlen lassen. Den Kuchen aus der Form lösen, in 16 gleich große Quadrate schneiden und mit Puderzucker bestäuben.

Für 1 quadratische Springform (24 × 24 cm), 12 Stücke • 10 Min. Zubereitung • 10 Min. Ruhen • 35 Min. Backen • Pro Stück ca. 320 kcal, 10 g E, 16 g F, 33 g KH

BANANA BREAD BARS

ZUM FRÜHSTÜCK

3 reife Bananen
120 g stückige Erdnusscreme
80 g brauner Rohrohrzucker
160 ml Milch
2 Eier (M)
1 ½ TL Zimtpulver
Salz
1 ⅓ TL Backpulver
280 g kernige Haferflocken
100 g Zartbitter-Schokotropfen
100 g Erdnusskerne

AUSSERDEM

Butter für die Form

1 Den Backofen auf 175° vorheizen. Die Form leicht buttern. Bananen schälen und mit einer Gabel fein zerdrücken, dann mit Erdnusscreme, Rohrohrzucker und Milch verrühren. Die Eier gründlich mit dem Schneebesen unterrühren.

2 Zimt, 1–2 Prisen Salz, Backpulver und Haferflocken mischen und unter die Bananenmasse rühren. Schokotropfen und Erdnusskerne unterheben. Den Teig 10 Min. ruhen lassen.

3 Den Teig in die Form geben, glatt streichen und im heißen Ofen (Mitte) in 30–35 Min. goldbraun backen. Herausnehmen und abkühlen lassen, dann aus der Form lösen. Das Teigquadrat einmal halbieren und die Hälften in jeweils sechs gleich große Streifen schneiden. Die Bars halten sich in einer luftdicht verschließbaren Dose mehrere Tage und werden nach 1 Tag noch saftiger.

MUFFINS, CUPCAKES & MORE

Für 1 Muffinform (12 Stück) • 25 Min. Zubereitung • 25 Min. Backen •
Pro Stück ca. 270 kcal, 5 g E, 10 g F, 39 g KH

BLUEBERRY MUFFINS

KLASSIKER

125 g weiche Butter
200 g Zucker
330 g Mehl
2 Msp. Zimtpulver
Salz
1 EL Vanillepuddingpulver
1 ½ TL Backpulver
250 g frische Heidelbeeren
2 Tropfen Bittermandelaroma
2 Eier (L)
125 g Buttermilch

AUSSERDEM

12 Muffin-Papierförmchen

1 30 g Butter in Stücke schneiden und mit 40 g Zucker, 50 g Mehl, Zimt und 1 Prise Salz zu Streuseln verarbeiten, beiseitestellen. Übriges Mehl mit ⅓ TL Salz, Vanillepudding- und Backpulver mischen.

2 Den Backofen auf 175° vorheizen, die Form mit Papierförmchen auslegen. Heidelbeeren abbrausen und abtropfen lassen. Übrige Butter in Stücke schneiden und mit den Schneebesen des Handrührgeräts cremig rühren, dabei nach und nach restlichen Zucker und Bittermandelaroma unterrühren. Die Eier nacheinander unterrühren, bis die Masse weißcremig ist.

3 Mehlmischung und Buttermilch abwechselnd kurz unterrühren. Die Heidelbeeren unterheben. Den Teig in die Förmchen füllen. Streusel darauf verteilen, leicht andrücken und die Muffins rund formen. Im heißen Ofen (Mitte) ca. 25 Min. backen. Herausnehmen, kurz abkühlen, aus der Form lösen und vollständig auskühlen lassen.

Für 1 Muffinform (12 Stück) • 20 Min. Zubereitung • 25 Min. Backen • Pro Stück ca. 325 kcal, 5 g E, 16 g F, 39 g KH

APFELMUS-MUFFINS

SCHNELL

120 g Walnusskerne
200 g Mehl
50 g Speisestärke
1 TL Backpulver
1 ⅓ TL Zimtpulver
Salz
125 g weiche Butter
180 g Zucker
2 Eier (M)
250 g Apfelmus (aus dem Glas)
70 g Rum-Rosinen (Fertigprodukt oder selbst gemacht)

AUSSERDEM
12 Muffin-Papierförmchen

1 Den Backofen auf 175° vorheizen, die Form mit Papierförmchen auslegen. Walnüsse grob hacken. Mehl, Stärke, Backpulver, Zimt und ¼ TL Salz gründlich mischen. Die Butter in Stücke schneiden und mit den Schneebesen des Handrührgeräts cremig rühren, dabei nach und nach den Zucker einrieseln lassen. Dann nacheinander die Eier gründlich unterrühren, bis eine luftige Masse entstanden ist.

2 Die Hälfte vom Apfelmus unterrühren, dann die Hälfte der Mehlmischung. Diesen Vorgang wiederholen, zuletzt Walnüsse und Rosinen unterheben. Die Muffins im heißen Ofen (Mitte) in 20–25 Min. goldbraun backen. Herausnehmen, kurz abkühlen lassen, dann aus der Form lösen und vollständig auskühlen lassen.

Für 1 Muffinform (12 Stück) • 35 Min. Zubereitung • 25 Min. Backen • 30 Min. Kühlen • Pro Stück ca. 530 kcal, 5 g E, 21 g F, 80 g KH

RED VELVET CUPCAKES

FÜR GÄSTE

FÜR DEN TEIG

125 g weiche Butter
250 g Zucker
2 Eier (M)
300 g Mehl
2 EL Kakaopulver
Salz
1 EL Weißweinessig
1 TL Natron
240 g Buttermilch
rote Lebensmittelfarbe

FÜR DAS FROSTING

150 g weiche Butter
480 g Puderzucker
3 EL Milch

AUSSERDEM

12 Muffin-Papierförmchen

TEIG: Den Backofen auf 180° vorheizen, die Form mit Papierförmchen auslegen. Die Butter mit den Schneebesen des Handrührgeräts cremig rühren, dabei nach und nach den Zucker einrieseln lassen. Dann die Eier nacheinander gründlich unterrühren, bis eine luftige Masse entstanden ist.

Das Mehl mit Kakaopulver und ¼ TL Salz mischen. Essig und Natron verrühren. Die Hälfte der Mehlmischung unter den Teig rühren, dann die Hälfte der Buttermilch. Diesen Vorgang wiederholen. Mit der letzten Buttermilchportion auch die Essig-Natron-Mischung und so viel Lebensmittelfarbe unter den Teig rühren, dass dieser sich hellrot verfärbt. Den Teig gleichmäßig in die Förmchen füllen und die Muffins im heißen Ofen (Mitte) 20–25 Min. backen. Herausnehmen, kurz abkühlen und auf einem Kuchengitter vollständig auskühlen lassen.

FROSTING: Butter in Stücke schneiden und mit dem Puderzucker mit den Schneebesen des Handrührgeräts langsam verrühren. Die Milch nach und nach zugeben und alles auf höchster Stufe zu einer fluffigen Masse schlagen. Das Frosting 30 Min. kalt stellen.

FERTIGSTELLEN: Die Creme entweder mit einem Messer oder einer kleinen Kuchenpalette oben auf die Muffins auftragen oder in eine Spritztülle mit Loch (1 cm ∅) füllen und in Kreisen zu einem Häubchen aufspritzen.

GU **CLOU**

Natron und Essig setzen zusammen eine chemische Reaktion in Gang: Das gibt dem Teig im wahrsten Sinne des Wortes richtig Gas und so geht er extrem gut und superschnell auf.

Für 1 Muffinform (12 Stück) • 20 Min. Zubereitung • 25 Min. Backen • Pro Stück ca. 190 kcal, 3 g E, 8 g F, 26 g KH

BASIC CHOCOLATE MUFFINS

GRUNDREZEPT

180 g Mehl • 2 EL Kakaopulver • Salz • 1 Ei (L) • 180 g Zucker • 1 TL Bourbon-Vanille-Extrakt • 125 g Buttermilch • 80 ml Sonnenblumenöl (ersatzweise Rapsöl oder zerlassene Butter) • 125 ml heißer Kaffee • 1 TL Natron • 12 Muffin-Papierförmchen

1 Den Backofen auf 175° vorheizen, die Form mit Papierförmchen auslegen. Mehl, Kakao und ¼ TL Salz mischen. Ei, Zucker, Vanille-Extrakt, Buttermilch und Öl mit den Schneebesen des Handrührgeräts gründlich verrühren. Kaffee und Natron mischen, mit den flüssigen Zutaten und der Mehlmischung verrühren.

2 Den flüssigen Teig in die Förmchen geben, sodass sie zu zwei Dritteln gefüllt sind, und im heißen Ofen (Mitte) 20–25 Min. backen. Die Muffins herausnehmen, kurz abkühlen und auf einem Kuchengitter vollständig auskühlen lassen.

Für 1 Muffinform (12 Stück) • 20 Min. Zubereitung • 25 Min. Backen • Pro Stück ca. 200 kcal, 4 g E, 7 g F, 31 g KH

BASIC VANILLA MUFFINS

EINFACH

80 g Butter • 150 g Zucker • 2 Eier (L) • 1 ½ TL Bourbon-Vanille-Extrakt • 300 g Mehl • 1 ½ TL Backpulver • Salz • 12 Muffin-Papierförmchen

1 Den Backofen auf 175° vorheizen, die Form mit Papierförmchen auslegen. Die Butter bei kleiner Hitze zerlassen und mit dem Zucker mit den Schneebesen des Handrührgeräts verrühren. Leicht abkühlen lassen, dann Eier und Vanille-Extrakt unterrühren. Mehl, Backpulver und ¼ TL Salz mischen und kurz unter die flüssigen Zutaten rühren.

2 Den Teig in die Förmchen geben, sodass sie zu zwei Dritteln gefüllt sind, und im heißen Ofen (Mitte) 20–25 Min. backen. Herausnehmen, kurz abkühlen und auf einem Kuchengitter vollständig auskühlen lassen.

Für 12 Cupcakes • 15 Min. Zubereitung • 30 Min. Kühlen • Pro Portion ca. 220 kcal, 2 g E, 18 g F, 11 g KH

WHITE CHOCOLATE FROSTING

EINFACH

200 g weiße Schokolade • 300 g Frischkäse (Doppelrahmstufe) • 100 g weiche Butter • 2 Spritzer Zitronensaft • 1 Tropfen Rumaroma (ersatzweise Bittermandelaroma)

1 Die Schokolade in Stücke brechen und in einer Schüssel über dem heißen Wasserbad bei kleiner Hitze unter Rühren schmelzen. Vom Herd nehmen und leicht abkühlen lassen.

2 Frischkäse in eine Schüssel geben und die abgekühlte, aber noch flüssige Schokolade nach und nach mit den Schneebesen des Handrührgeräts unterrühren. Die Butter in Stücke schneiden und ebenfalls gründlich unterrühren. Das Frosting mit Zitronensaft und Rumaroma abschmecken und 30 Min. kalt stellen. Es passt perfekt zu Schokoladen-, Vanille- und Red-Velvet-Muffins.

Für 12 Cupcakes • 10 Min. Zubereitung • 30 Min. Kühlen • Pro Portion ca. 190 kcal, 4 g E, 15 g F, 9 g KH

PEANUT BUTTER FROSTING

SCHNELL

60 g weiche Butter • 300 g Frischkäse (Doppelrahmstufe) • 100 g Erdnussmus • 90 g Puderzucker • ½ TL Kakaopulver • ½ TL Bourbon-Vanille-Extrakt

1 Die Butter in Stücke schneiden und mit den Schneebesen des Handrührgeräts cremig rühren. Dann den Frischkäse, anschließend das Erdnussmus unterrühren.

2 Den Puderzucker mit Kakaopulver mischen und mit dem Vanille-Extrakt erst langsam unterrühren, dann alles auf höchster Stufe zu einer luftigen Creme schlagen. Das Frosting 30 Min. kalt stellen. Es passt perfekt zu dunklen Schokoladen- oder hellen Vanille-Muffins.

RUGELACH MIT SAUERKIRSCHFÜLLUNG

JÜDISCHES REZEPT

Für 32 Stück • 35 Min. Zubereitung • 5 Std. 30 Min. Kühlen • 25 Min. Backen (pro Blech) • Pro Stück ca. 165 kcal, 2 g E, 12 g F, 12 g KH

FÜR DEN TEIG

200 g weiche Butter
200 g Frischkäse (Doppelrahmstufe)
Salz
1 Eigelb (M)
250 g Mehl

FÜR DIE FÜLLUNG

100 g getrocknete Sauerkirschen
150 g Pekannusskerne
100 g Zartbitter-Schokotropfen
3 EL Kirschkonfitüre
½ TL Zimtpulver
1 EL brauner Rohrohrzucker

AUSSERDEM

Mehl zum Arbeiten
1 Eigelb
2 EL brauner Rohrohrzucker

TEIG: Die Butter in Stücke schneiden und in einer Schüssel mit Frischkäse, ¼ TL Salz, Eigelb und Mehl mit den Knethaken des Handrührgeräts zu einem glatten Teig verkneten (Bild 1). Den Teig in Frischhaltefolie wickeln und 5 Std. kalt stellen.

FÜLLUNG: Sauerkirschen und Pekannüsse klein hacken. Beides mit Schokotropfen, Konfitüre, Zimt und Zucker mischen.

FERTIGSTELLEN: Den Teig halbieren. Die Hälften nacheinander auf der bemehlten Arbeitsfläche zu einem 3–4 mm dünnen Kreis ausrollen. Jeweils die Hälfte der Füllung darauf verteilen, dabei ca. 1 cm zum Rand hin frei lassen und die Füllung in der Mitte des Kreises nicht so dick auftragen (Bild 2). Die Teigkreise jeweils in 16 gleich große Tortenstücke schneiden (Bild 3). Die Teigdreiecke von außen nach innen fest aufrollen und die Spitzen leicht andrücken (Bild 4).

Die Röllchen mit den Spitzen nach unten mit Abstand zueinander auf zwei mit Backpapier ausgelegten Blechen verteilen und nochmals 30 Min. an einem kühlen Ort ruhen lassen.

Inzwischen den Backofen auf 175° vorheizen. Das Eigelb mit 1 EL Wasser verquirlen. Die Röllchen damit bestreichen und mit Zucker bestreuen (Bild 5). Die Bleche nacheinander in den heißen Ofen (Mitte) schieben und die Röllchen in 20–25 Min. goldbraun backen. Herausnehmen, kurz abkühlen und auf einem Backgitter vollständig auskühlen lassen (Bild 6).

GU
CLOU

In Amerika verwendet man für dieses Gebäck »Cake Flour« – ein mit Speisestärke versetztes Mehl, das gut bindet und Gebäck luftig macht. Denselben Effekt erzielt Puddingpulver, dessen Hauptbestandteil ebenfalls Stärke ist und das dazu noch Vanillearoma bringt.

Für ca. 12 Stück • 30 Min. Zubereitung • 15 Min. Backen (pro Blech) • Pro Stück ca. 245 kcal, 3 g E, 10 g F, 35 g KH

BLACK & WHITE COOKIES

KLASSIKER

FÜR DEN TEIG

80 g weiche Butter
100 g Puderzucker
1 Ei (L)
¼ TL Bourbon-Vanille-Extrakt
200 g Mehl
Salz
2 EL Vanillepuddingpulver
1 TL Backpulver
85 ml Milch

FÜR DIE GLASUR

100 g Puderzucker
100 g Kakao-Kuchenglasur

TEIG: Den Ofen auf 175° vorheizen, zwei Bleche mit Backpapier auslegen. Butter in Stücke schneiden und mit den Schneebesen des Handrührgeräts cremig rühren, dabei nach und nach den Puderzucker einrieseln lassen. Das Ei zugeben und weiterrühren, bis eine luftige Creme entstanden ist. Dann das Vanille-Extrakt unterrühren.

Mehl mit ¼ TL Salz, Pudding- und Backpulver mischen. Abwechselnd jeweils einige Esslöffel Mehlmischung, dann ein paar Esslöffel Milch unter die Buttermasse rühren. So fortfahren, bis ein dicker, zäher Teig entstanden ist (evtl. etwas mehr Milch verwenden), dabei nicht zu lange rühren.

FERTIGSTELLEN: Den Teig mithilfe von zwei Teelöffeln als zwölf etwa gleich große Bällchen mit reichlich Abstand zueinander auf den Blechen verteilen. Mit angefeuchtetem Finger rund und glatt formen.

Die Bleche nacheinander in den heißen Ofen (Mitte) schieben und die Kekse ca. 15 Min. backen – sie sollten nur leicht an den Rändern bräunen. Herausnehmen, kurz abkühlen und auf einem Kuchengitter vollständig auskühlen lassen.

GLASUR: Puderzucker mit 1–2 EL heißem Wasser glatt rühren. Die Kuchenglasur nach Packungsanweisung schmelzen. Die glatte Seite der Cookies jeweils zur Hälfte mit Puderzucker- und Kakaoglasur bestreichen und fest werden lassen.

Für 10 Stück • 35 Min. Zubereitung • 10 Min. Backen (pro Blech) • 30 Min. Kühlen • Pro Stück ca. 530 kcal, 5 g E, 24 g F, 74 g KH

WHOOPIE PIES MIT MARSHMALLOWFÜLLUNG

FÜR KINDER

FÜR DEN TEIG

100 g weiche Butter
150 g Zucker
1 Ei (M)
200 g Mehl
Salz
1 TL Schokoladenpuddingpulver
¾ TL Backpulver
50 g Kakaopulver
200 g Buttermilch

FÜR DIE FÜLLUNG:

160 g weiche Butter
250 g Puderzucker
1 Glas Vanille-Marshmallow-Fluff (ca. 210 g)

GUT ZU WISSEN

Marshmallow Fluff ist ein in den USA sehr beliebter Brotaufstrich. Die Creme ist hierzulande in unterschiedlichen Geschmacksrichtungen (Vanille oder Erdbeere) in gut sortierten Supermärkten oder sonst online erhältlich.

TEIG: Den Backofen auf 175° vorheizen, zwei Bleche mit Backpapier auslegen. Die Butter in Stücke schneiden und mit den Schneebesen des Handrührgeräts cremig rühren, dabei nach und nach den Zucker einrieseln lassen. Das Ei zugeben und alles zu einer luftigen Creme verrühren.

Mehl mit ¼ TL Salz, Puddingpulver, Backpulver und Kakao mischen und durchsieben. Die Mehlmischung abwechselnd mit der Buttermilch in je zwei Portionen unter die Buttermasse rühren, bis ein dicker, zäher Teig entstanden ist. Den Teig mithilfe von zwei Teelöffeln zu 20 gleich großen Bällchen formen und diese mit reichlich Abstand zueinander auf den Blechen verteilen. Mit angefeuchtetem Finger rund und glatt formen.

Die Bleche nacheinander in den heißen Ofen (Mitte) schieben. Whoopies ca. 10 Min. backen. Herausnehmen, kurz abkühlen und auf einem Kuchengitter vollständig auskühlen lassen.

FÜLLUNG: Die Butter klein schneiden und mit Puderzucker cremig rühren. Fluff zugeben und alles auf höchster Stufe zu einer luftigen Masse schlagen. Die Creme 30 Min. kalt stellen.

FERTIGSTELLEN: Die glatten Seiten von zehn Whoopies mit der Füllung bestreichen. Die übrigen Whoopies mit den glatten Seiten nach unten daraufsetzen und leicht andrücken.

Für 8 Stück • 25 Min. Zubereitung • 20 Min. Backen • Pro Stück ca. 415 kcal, 7 g E, 24 g F, 42 g KH

FRUIT & NUT SCONES

ZUM FRÜHSTÜCK

FÜR DEN TEIG

100 g kalte Butter
120 g getrocknete Soft-Aprikosen
50 g Pekannusskerne
280 g Mehl
1 ½ TL Backpulver
2 Msp. Zimtpulver
60 g Zucker
1 Pck. Vanillezucker
Salz
150 g Sahne
1 Ei (M)

AUSSERDEM

1 Ei (M)
30 g Sahne

TEIG: Die Butter in kleine Stücke schneiden, diese nebeneinander in einen Gefrierbeutel legen und für 20 Min. ins Tiefkühlfach geben. Inzwischen die Aprikosen in kleine Würfel schneiden, Pekannüsse klein hacken. Mehl in einer großen Schüssel mit Backpulver, Zimt, Zucker, Vanillezucker und ½ TL Salz mischen. Die Sahne und das Ei verquirlen.

Den Backofen auf 200° vorheizen, ein Blech mit Backpapier auslegen. Die eiskalte Butter zur Mehlmischung geben und beides mit den Fingerspitzen krümelig reiben. Nüsse und Aprikosen daraufstreuen, Sahne-Ei-Mischung zugießen und alles kurz mit einem Löffel zu einem Teig verrühren – sodass er gerade zusammenhält, es dürfen ruhig noch kleine Butterstückchen darin zu sehen sein.

FERTIGSTELLEN: Den Teig auf die Mitte des Blechs geben. Mit den Händen, ohne allzu viel Druck auszuüben, zu einem 2 cm dicken Kreis formen. Den Teig wie eine Torte in acht gleich große Stücke schneiden. Die Teigstücke auseinanderziehen und mit Abstand zueinander auf dem Blech verteilen.

Ei und Sahne verquirlen und die Scones damit bestreichen. Im heißen Ofen (Mitte) in 18–20 Min. goldbraun backen. Herausnehmen, kurz abkühlen und auf einem Kuchengitter vollständig auskühlen lassen.

GU **CLOU**

Ganz ohne Handrührgerät? Ja! Der Trick an den Scones ist, dass der Teig nur kurz mit dem Löffel gerührt wird – keinesfalls überkneten! Wenn der Teig leicht krümelig auseinanderfällt, ist er perfekt: So werden die Scones außen knusprig und innen mürbe.

CAKES & PIES

Für 1 Springform (26 cm ∅), 16 Stücke • 25 Min. Zubereitung • 1 Std. 55 Min. Backen • 10 Std. Kühlen • Pro Stück ca. 355 kcal, 6 g E, 21 g F, 35 g KH

AMERICAN CHEESECAKE

KLASSIKER

FÜR DEN BODEN

200 g Butterkekse
80 g Butter

FÜR DEN BELAG

800 g Frischkäse (Doppelrahmstufe)
350 g Zucker
Salz
1 Bio-Limette
1 TL Bourbon-Vanille-Extrakt
5 Eier (M)
150 g saure Sahne
30 g Speisestärke

DAZU PASST
Zum süßen, üppigen Kuchen passt eine fruchtige Beerensauce: 500 g TK-Himbeeren mit 3 EL Zucker unter Rühren kurz aufkochen. Dann pürieren, durch ein feines Sieb streichen und abkühlen lassen.

BODEN: Den Backofen auf 180° vorheizen. Die Kekse im Blitzhacker fein zerkrümeln (alternativ in einen Gefrierbeutel geben und mit dem Nudelholz fein zerstoßen). Die Butter schmelzen und mit den Kekskrümeln mischen. Backpapier auf dem Boden der Springform einspannen. Die Keksbrösel gleichmäßig darauf festdrücken. Den Kuchenboden 10 Min. im heißen Ofen (Mitte) vorbacken. Abkühlen lassen. Die Ofentemperatur auf 160° reduzieren, ein mit Wasser gefülltes tiefes Blech auf die untere Schiene stellen.

BELAG: Den Frischkäse mit Zucker und ¼ TL Salz mit den Schneebesen des Handrührgeräts cremig rühren. Die Limette heiß waschen, abtrocknen, die Schale fein abreiben und den Saft auspressen. Limettenschale und 3 EL Saft, Vanille-Extrakt und Eier unter die Frischkäsemasse rühren. Dann die saure Sahne und zuletzt die Speisestärke untermischen, dabei nicht zu lange rühren.

FERTIGSTELLEN: Alufolie in mehreren Bahnen kreuzförmig um den Boden der Springform legen, sodass diese unten dicht abgeschlossen, oben aber offen ist. Die Käsemasse auf dem Keksboden verteilen. Den Kuchen ins heiße Wasserbad stellen und 1 Std. 30 Min.–1 Std. 45 Min. backen, bis der Belag fest ist, aber beim Berühren noch schön nachgibt. Im ausgeschalteten, leicht geöffneten Ofen abkühlen lassen. Herausnehmen und 8–10 Std. im Kühlschrank ziehen lassen.

Für 2 Springformen (à 20 cm ∅), 12 Stücke • 30 Min. Zubereitung • 35 Min. Backen • 1 Std. Abkühlen • Pro Stück ca. 545 kcal, 7 g E, 35 g F, 49 g KH

WHITE CAKE MIT SAHNE

KLASSIKER

FÜR DEN TEIG

280 g Mehl
2 EL Speisestärke
1 TL Backpulver
250 g Zucker
Salz
160 g weiche Butter
4 Eiweiß (L)
1 Ei (L)
240 ml Milch
½ TL Bourbon-Vanille-Extrakt

FÜR DIE CREME

800 g Sahne
4 EL Zucker

AUSSERDEM

Butter und Mehl für die Formen

GUT ZU WISSEN
Frische Beeren machen den Kuchen sommerlich, Streusel oder Smarties zum Kinderliebling. Wer den Kuchen nicht gleich servieren will, sollte die Sahne mit Sahnesteif (nach Packungsanweisung) zubereiten.

TEIG: Den Backofen auf 175° vorheizen. Die Formen buttern und mit Mehl ausstäuben. Mehl, Stärke, Backpulver, Zucker und ½ TL Salz in einer Schüssel mischen. Butter in Stücke schneiden und so lange mit den Schneebesen des Handrührgeräts unterrühren, bis ein feiner, krümeliger Teig entsteht. Die Eiweiße einzeln unterrühren. Dann das ganze Ei einarbeiten, bis der Teig zäh und glatt ist.

Milch mit Vanille-Extrakt mischen und in drei Portionen zugeben, dazwischen immer 1–2 Min. rühren, bis eine luftige Masse entstanden ist. Den Teig gleichmäßig auf beide Formen verteilen und im heißen Ofen (Mitte) 30–35 Min. backen (Stäbchenprobe machen). Die Kuchen herausnehmen, 20–30 Min. abkühlen lassen, aus den Formen lösen und in weiteren 30 Min. vollständig auskühlen lassen.

CREME: Die Sahne in einer Schüssel steif schlagen, dabei gegen Ende den Zucker einrieseln lassen.

FERTIGSTELLEN: Einen Teil der Sahne ca. 2 cm hoch auf einem der beiden Kuchen verteilen, den zweiten Kuchen darauflegen und die restliche Sahne obenauf und auf dem Rand der Torte verteilen.

Für 2 Springformen (à 20 cm ∅), 12 Stücke • 35 Min. Zubereitung • 25 Min. Backen • 1 Std. Abkühlen • Pro Stück ca. 555 kcal, 7 g E, 36 g F, 51 g KH

DEVIL'S FOOD CAKE

FÜR GÄSTE

FÜR DEN TEIG

250 ml Kaffee
300 g Zucker
70 g Kakaopulver
200 g Mehl
1 ½ TL Natron
Salz
125 g weiche Butter
3 Eier (M)

FÜR DAS FROSTING

300 g Zartbitter-Schokolade
150 g Sahne
125 g Butter
3 EL Honig

AUSSERDEM

Butter und Mehl für die Formen

GUT ZU WISSEN
Erhitzt man die Schokocreme zu sehr, kann sich das Fett trennen und die Creme körnig werden. Das ist nicht weiter schlimm: einfach beim Erkalten öfter durchrühren, so wird sie wieder schön glatt.

TEIG: Den Backofen auf 175° vorheizen. Die Formen buttern und mit Mehl ausstäuben. Kaffee mit 100 g Zucker aufkochen, vom Herd nehmen und Kakaopulver gründlich unterrühren.

Mehl, Natron und ½ TL Salz mischen. Die Butter in Stücke schneiden und mit den Schneebesen des Handrührgeräts cremig rühren, dabei den übrigen Zucker einrieseln lassen. Die Eier nacheinander unterrühren, bis eine luftige Masse entstanden ist. Die Hälfte der Mehlmischung daraufsieben und unterrühren, dann die Hälfte der Kaffeemischung unterrühren. Diesen Vorgang wiederholen.

Den Teig gleichmäßig auf beide Formen verteilen und im heißen Ofen (Mitte) ca. 25 Min. backen (Stäbchenprobe machen). Herausnehmen, 20–30 Min. abkühlen lassen, aus den Formen lösen und weitere 30 Min. vollständig auskühlen lassen.

FROSTING: Die Schokolade klein hacken. Die Sahne aufkochen, vom Herd nehmen und die Schokolade darin unter Rühren schmelzen. Butter zugeben und ebenfalls unter Rühren schmelzen – dazu die Mischung evtl. nochmals leicht erwärmen. Den Honig unterrühren. Alles abkühlen lassen, bis eine streichfähige, cremige Masse entstanden ist.

FERTIGSTELLEN: Den ersten Kuchen oben mit einem Drittel vom Frosting bestreichen. Den zweiten Kuchen daraufsetzen. Die restliche Schokoladencreme obenauf und am Rand wellenförmig aufstreichen.

Für 1 Springform (26 cm ∅), 16 Stücke • 30 Min. Zubereitung • 55 Min. Backen • 30 Min. Kühlen • Pro Stück ca. 530 kcal, 5 g E, 30 g F, 60 g KH

CARROT CAKE

FÜR OSTERN

FÜR DEN TEIG

200 g Möhren
100 g Walnusskerne
200 g ungezuckerte Ananas in Scheiben (aus der Dose)
260 g Mehl
Salz
2 TL Backpulver
1 ⅓ TL Zimtpulver
50 g Kokosraspel
300 g brauner Rohrohrzucker
3 Eier (L)
200 ml Sonnenblumenöl (ersatzweise Rapsöl)

FÜR DAS FROSTING

75 g weiche Butter
150 g Frischkäse (Doppelrahmstufe)
400 g Puderzucker
2 EL Zitronensaft

AUSSERDEM

Butter für die Form
70 g Kokosraspel (nach Belieben)

TEIG: Den Backofen auf 175° vorheizen, die Form buttern. Möhren schälen, putzen und fein reiben. Walnüsse grob hacken. Ananas gut abtropfen lassen und fein würfeln. Mehl, ¼ TL Salz, Backpulver, Zimt und Kokosraspel mischen.

Zucker, Eier und Öl in einer Schüssel mit dem Schneebesen gründlich verrühren. Ananas untermischen, dann die Mehlmischung zugeben und alles verrühren. Zuletzt die Walnüsse und Möhren unterheben.

Den Teig in die Form füllen, glatt streichen und im heißen Ofen (Mitte) 45–55 Min. goldbraun backen (Stäbchenprobe machen). Den Kuchen evtl. gegen Ende der Backzeit mit Backpapier abdecken. Auf einem Kuchengitter abkühlen lassen und aus der Form lösen.

FROSTING: Butter in Stücke schneiden und mit dem Frischkäse mit den Schneebesen des Handrührgeräts cremig rühren. Den Puderzucker nach und nach zugeben. Alles erst langsam cremig rühren, dann auf höchster Stufe weiterrühren, bis das Frosting schön luftig ist. Den Zitronensaft untermischen.

FERTIGSTELLEN: Den Kuchen mithilfe einer Backpalette oder eines Messers mit dem Frosting überziehen, dann 30 Min. kalt stellen. Den Carrot Cake nach Belieben vor dem Servieren mit Kokosraspeln bestreuen.

CINNAMON ROLL MONKEY BREAD

ZUM BRUNCH

Für 1 Kranzform (26 cm ∅), 16 Portionen • 40 Min. Zubereitung • 1 Std. 30 Min. Ruhen • 45 Min. Backen • Pro Portion ca. 345 kcal, 5 g E, 14 g F, 50 g KH

FÜR DEN TEIG

1 Pck. Trockenhefe
65 g Zucker
250 ml Milch
500 g Mehl
Salz
1 Ei (M)
2 Eigelb (M)
70 g weiche Butter

FÜR DIE FÜLLUNG

155 g Butter
235 g Zucker
1½ TL Zimtpulver

FÜR DEN GUSS

120 g Puderzucker
4 EL Milch
½ TL Bourbon-Vanille-Extrakt

AUSSERDEM

Mehl zum Arbeiten

GUT ZU WISSEN

Das Monkey Bread ist perfekt zum Brunch: Der Teig kann frisch zusammengeknetet in einer verschließbaren Plastikschüssel gemütlich über Nacht im Kühlschrank gehen. 1 Std. vor dem Verarbeiten herausnehmen und wie im Rezept beschrieben zubereiten.

TEIG: Hefe, 1 TL Zucker und 50 ml lauwarmes Wasser verrühren, 5 Min. gehen lassen. Milch lauwarm erhitzen. Mehl, ½ TL Salz und restlichen Zucker in einer Schüssel mischen. Eine Mulde formen, Ei, Eigelbe, lauwarme Milch und Hefeansatz hineingeben und alles mit den Knethaken des Handrührgeräts auf kleiner Stufe 5 Min. kneten (Bild 1). Die Butter in Stücken zugeben und alles auf hoher Stufe ca. 6 Min. weiterkneten. Den Teig in eine bemehlte Schüssel geben und zugedeckt an einem warmen Ort 1 Std. gehen lassen (Bild 2).

FÜLLUNG: Die Butter in einem kleinen Topf schmelzen und etwas davon zum Auspinseln der Form verwenden. Zucker und Zimt mischen, 3 EL Zimtzucker beiseitestellen.

FERTIGSTELLEN: Den Teig auf der leicht bemehlten Arbeitsfläche durchkneten und in vier Portionen teilen (Bild 3). Aus jeder Portion zehn Bällchen formen (Bild 4). Diese in Butter, dann in Zimtzucker wenden und in die Form legen (Bild 5). Mit übriger Butter beträufeln und mit beiseitegestelltem Zimtzucker bestreuen. Zugedeckt 30 Min. gehen lassen.

Inzwischen den Backofen auf 175° vorheizen. Das Zimtbrot im heißen Ofen (unten) 40–45 Min. backen, evtl. gegen Ende der Backzeit mit Backpapier abdecken. Das Monkey Bread aus dem Ofen nehmen, 20 Min. abkühlen, dann auf eine Platte stürzen und vollständig auskühlen lassen.

GUSS: Den Puderzucker mit Milch und Vanille-Extrakt glatt rühren. Den Guss gleichmäßig auf dem Brot verteilen und fest werden lassen (Bild 6).

Für 1 quadratische Springform (24 × 24 cm), 16 Stücke • 20 Min. Zubereitung • 25 Min. Backen • 24 Std. Ruhen • Pro Stück ca. 160 kcal, 2 g E, 5 g F, 27 g KH

GINGERBREAD CAKE

FÜR WEIHNACHTEN

200 g Mehl
1 TL Natron
Salz
1 ½ TL Ingwerpulver
1 TL Zimtpulver
¼ TL gemahlene Nelken
60 g weiche Butter
200 g brauner Rohrohrzucker
1 Ei (M)
100 g Zuckerrohrmelasse (ersatzweise Rübensirup)

AUSSERDEM

Butter für die Form
Puderzucker zum Bestäuben (nach Belieben)

1 Den Backofen auf 180° vorheizen, die Form buttern. Mehl, ½ TL Natron, ¼ TL Salz und Gewürze mischen. Butter in Stücke schneiden und mit den Schneebesen des Handrührgeräts cremig rühren, dabei den Zucker einrieseln lassen. Erst das Ei unterrühren, bis eine luftige Masse entstanden ist, dann die Melasse.

2 175 ml Wasser aufkochen und das übrige Natron darin auflösen. Die Mehlmischung abwechselnd mit dem heißen Natronwasser in mehreren Portionen unter die Butter-Ei-Masse rühren.

3 Den Teig in die Form füllen. Diese mehrmals auf eine feste Unterlage klopfen, damit die Luftblasen entweichen. Den Kuchen im heißen Ofen (Mitte) ca. 25 Min. backen, bis er fest ist (Stäbchenprobe machen). Herausnehmen und auf einem Kuchengitter auskühlen lassen. Den Kuchen aus der Form lösen, am besten noch 1 Tag durchziehen lassen und nach Belieben mit Puderzucker bestäuben.

Für 1 Tarte- oder Springform (26 cm ∅), 16 Stücke • 35 Min. Zubereitung • 30 Min. Kühlen • 50 Min. Backen • Pro Stück ca. 425 kcal, 6 g E, 29 g F, 35 g KH

PECAN PIE

KLASSIKER

200 g kalte Butter
220 g Mehl
60 g Zucker
Salz
4 Eier (L)
350 g Pekannusskerne
200 g brauner Zucker
150 g heller Zuckerrübensirup
½ TL Zimtpulver
½ TL Bourbon-Vanille-Extrakt

AUSSERDEM

Butter für die Form
Mehl zum Arbeiten

1 100 g Butter in Stücke schneiden und mit Mehl, Zucker und 1 Prise Salz mit den Händen krümelig reiben. 1 Ei und 2–4 EL Wasser zugeben und alles zu einem glatten Teig verkneten. Zu einer Kugel formen, in Frischhaltefolie wickeln und 30 Min. kalt stellen.

2 Den Backofen auf 175° vorheizen, die Form buttern. 250 g Pekannüsse grob hacken. Braunen Zucker und Sirup mit der restlichen Butter in einem Topf unter Rühren schmelzen. Leicht abkühlen lassen.

3 Inzwischen den Teig auf der bemehlten Arbeitsfläche rund ausrollen. Die Form damit komplett auslegen, dabei einen Rand formen. Den Boden mehrfach mit einer Gabel einstechen. Übrige Eier verquirlen und mit Zimt, Vanille-Extrakt, ¼ TL Salz und gehackten Nüssen unter die Zuckermasse rühren. Die Nussmasse auf dem Teig verteilen, mit übrigen Nüssen belegen. Pie im heißen Ofen (Mitte) 40–50 Min. backen. Herausnehmen und abkühlen lassen.

Für 1 Tarteform (26 cm ∅), 12 Stücke • 35 Min. Zubereitung • 1 Std. 30 Min. Kühlen • 1 Std. Backen • Pro Stück ca. 305 kcal, 4 g E, 13 g F, 43 g KH

APPLE PIE

HERBST-REZEPT

FÜR DEN TEIG

350 g Mehl
1 EL Zucker
Salz
140 g kalte Butter
1 EL Weißweinessig

FÜR DIE FÜLLUNG

1,2 kg Äpfel (z. B. Boskop)
100 g Preiselbeerkompott (aus dem Glas)
75 g Zucker
Salz
1 TL Zimtpulver
1 EL Vanillepuddingpulver
2 EL Mehl

AUSSERDEM

Butter für die Form
Mehl zum Arbeiten
1 Eigelb (M)
1 EL Sahne
1 ½ EL Zucker

TEIG: Mehl, Zucker und ½ TL Salz mischen. Butter in Stücke schneiden und mit dem Mehl krümelig reiben. 150 ml eiskaltes Wasser mit Essig mischen und mit einem Löffel unterrühren. Den Teig von Hand kurz zusammenfügen (nicht kneten). In Frischhaltefolie wickeln und ca. 1 Std. kühlen.

FÜLLUNG: Die Äpfel schälen, vierteln und die Kerngehäuse entfernen. Die Viertel quer in ca. 6 mm dicke Stücke schneiden. Mit dem Preiselbeerkompott mischen. Zucker, ¼ TL Salz, Zimt, Puddingpulver und Mehl vermengen und ebenfalls mit den Äpfeln mischen.

FERTIGSTELLEN: Die Form buttern. Den Teig halbieren. Eine Teighälfte auf der leicht bemehlten Arbeitsfläche etwas größer als die Form ausrollen. Diese damit auskleiden, dabei einen Rand formen. Den Teigboden mehrmals mit einer Gabel einstechen. Die Apfelmischung einfüllen. Den übrigen Teig in Formgröße ausrollen und 5- bis 6-mal strahlenförmig einschneiden. Auf den Belag legen. Den Teigrand mit dem Teigdeckel durch Zusammendrücken fest verschließen. Den Pie 30 Min. kalt stellen.

Den Backofen auf 220° vorheizen. Eigelb mit Sahne verquirlen und den Pie damit bestreichen, mit Zucker bestreuen. Den Kuchen im heißen Ofen (unten) 15 Min. backen. Die Hitze auf 180° reduzieren und den Pie in weiteren 40–45 Min. goldbraun und knusprig backen. Herausnehmen und lauwarm oder ganz abkühlen lassen. Dazu passt eine Kugel Vanilleeis.

GU
CLOU

Die Kälte ist der Trick bei dem Pie: Eiskaltes Wasser (am besten geschmolzene Eiswürfel verwenden), kalte Butter (Tipp: 20 Min. anfrieren) und mehrfaches Kaltstellen sorgen dafür, dass der Teig beim Verarbeiten kalt bleibt und beim Backen superknusprig wird!

Für 1 Tarte- oder Springform (26 cm ∅), 16 Stücke • 35 Min. Zubereitung • 2 Std. 15 Backen • 45 Min. Kühlen • Pro Stück ca. 250 kcal, 5 g E, 11 g F, 32 g KH

PUMPKIN PIE

FÜR HALLOWEEN

FÜR DIE FÜLLUNG

1 kleiner Butternuss-Kürbis (ca. 600 g)
1 EL Sonnenblumenöl (ersatzweise Rapsöl)
2 Eier (M)
1 Eigelb (M)
100 g brauner Rohrohrzucker
1 Dose gezuckerte Kondensmilch (400 g)
3 EL Bourbon-Whiskey (nach Belieben)
1 TL Zimtpulver
1 ½ TL Lebkuchengewürz

FÜR DEN TEIG

200 g Mehl
Salz
120 g kalte Butter

AUSSERDEM

Butter für die Form
Mehl zum Arbeiten

FÜLLUNG: Den Backofen auf 200° vorheizen. Den Kürbis längs halbieren, die Kerne und Fasern entfernen. Die Kürbisstücke mit den Schnittflächen nach oben auf ein Blech legen und mit Öl bepinseln. Den Kürbis im heißen Ofen (Mitte) ca. 1 Std. 15 Min. garen, bis das Fruchtfleisch weich ist. Herausnehmen und abkühlen lassen.

TEIG: Inzwischen das Mehl mit ¼ TL Salz mischen. Die Butter in Stücke schneiden und mit einem Messer unter das Mehl hacken. 6 EL eiskaltes Wasser zugeben. Alles erst kurz mit den Händen krümelig reiben, dann mit wenig Druck zu einem Teig zusammenfügen. Den Teig in Frischhaltefolie wickeln und 45 Min. kalt stellen.

FERTIGSTELLEN: Das Kürbisfleisch aus der Schale kratzen, 450 g abwiegen und fein pürieren. Eier, Eigelb und Zucker mit den Schneebesen des Handrührgeräts verrühren, bis sich der Zucker aufgelöst hat. Kürbispüree, Kondensmilch, nach Belieben Whiskey und Gewürze unterrühren.

Den Backofen auf 220° vorheizen. Die Form buttern. Den Teig auf der bemehlten Arbeitsfläche etwas größer als die Form ausrollen. Diese damit auskleiden, dabei einen Rand formen. Den Teigboden mehrmals mit einer Gabel einstechen, die Füllung hineingießen. Den Pie im heißen Ofen (Mitte) 15 Min. backen, dann die Hitze auf 180° reduzieren und den Kuchen in weiteren 35–45 Min. fertig backen. Herausnehmen und auf einem Kuchengitter auskühlen lassen.

Für 1 Tarte- oder Springform (26 cm ∅), 16 Stücke • 30 Min. Zubereitung • 1 Std. Kühlen • 35 Min. Backen • Pro Stück ca. 280 kcal, 5 g E, 14 g F, 31 g KH

KEY LIME PIE

SOMMER-REZEPT

FÜR DEN BODEN
250 g Vollkorn-Butterkekse
150 g Butter

FÜR DIE FÜLLUNG
4 Limetten
4 frische Eier (L)
1 Dose gezuckerte Kondensmilch (400 g)
Salz
120 g Zucker

BODEN: Die Kekse im Blitzhacker fein zerkrümeln (alternativ in einen Gefrierbeutel geben und mit dem Nudelholz fein zerstoßen). Die Butter schmelzen und mit den Kekskrümeln mischen. Die Brösel in der Tarteform auf dem Boden fest zusammendrücken, dabei einen Rand formen. Die Form zugedeckt 1 Std. kalt stellen.

FÜLLUNG: Die Limetten auspressen, es werden 150 ml Saft benötigt. Die Eier trennen. Eigelbe und Kondensmilch mit dem Schneebesen vorsichtig glatt rühren. Langsam den Limettensaft unterrühren, sodass die Masse glatt bleibt und nicht schaumig wird. Die Creme auf den Keksboden gießen und glatt streichen. Eiweiße mit 1 Prise Salz mit den Schneebesen des Handrührgeräts steif schlagen, dabei nach und nach den Zucker einrieseln lassen, bis eine glänzende Baisermasse entsteht. Diese bis zur Weiterverwendung kalt stellen.

FERTIGSTELLEN: Den Backofen auf 175° vorheizen. Die Tarte im heißen Ofen (Mitte) 18–20 Min. backen, bis die Füllung fest ist. Herausnehmen und kurz abkühlen lassen. Die Baisermasse auf der Füllung wolkig aufhäufen und den Kuchen in 12–15 Min. fertig backen.

Für 1 Springform (26 cm ∅), 16 Stücke • 30 Min. Zubereitung • 30 Min. Kühlen • 50 Min. Backen • Pro Stück ca. 515 kcal, 6 g E, 37 g F, 37 g KH

MISSISSIPPI MUD PIE

AUS DEN SÜDSTAATEN

FÜR DEN BODEN
250 g Kakao-Butterkekse
120 g Butter
1 TL Kakaopulver
2 EL Bourbon-Whiskey (nach Belieben)

FÜR DIE FÜLLUNG
150 g Zartbitter-Schokolade
180 g weiche Butter
300 g brauner Rohrohrzucker
Salz
4 Eier (M)
200 g Sahne
40 g Kakaopulver
2 EL Bourbon-Whiskey (nach Belieben)

FÜR DAS TOPPING
50 g Zartbitter-Schokolade
400 g Sahne
2 EL Zucker
2 EL Bourbon-Whiskey (nach Belieben)

AUSSERDEM
Hülsenfrüchte zum Blindbacken

BODEN: Kekse im Blitzhacker fein zerkrümeln (alternativ in einen Gefrierbeutel geben und mit dem Nudelholz fein zerstoßen). Butter schmelzen und mit Keksen, Kakao und nach Belieben Whiskey mischen. Backpapier auf dem Boden der Form einspannen. Keksbrösel darauf fest andrücken, dabei einen 4 cm hohen Rand formen. Die Form 30 Min. kalt stellen.

Den Backofen auf 175° vorheizen. Keksboden mit Backpapier auslegen, mit Hülsenfrüchten beschweren und 10 Min. im heißen Ofen (Mitte) blindbacken. Abkühlen lassen, Hülsenfrüchte und Backpapier entfernen. Der Ofen bleibt eingeschaltet.

FÜLLUNG: Schokolade in Stücke brechen und in einer Schüssel über dem heißen Wasserbad schmelzen. Butter in Stücke schneiden und mit den Schneebesen des Handrührgeräts cremig rühren, dabei Zucker und ¼ TL Salz einrieseln lassen. Eier nacheinander unterrühren. Abwechselnd in mehreren Portionen warme Schokolade und Sahne zugeben und alles zu einer luftigen Creme schlagen. Kakao und nach Belieben Whiskey unterrühren.

FERTIGSTELLEN: Die Creme auf dem Boden verteilen. Den Kuchen im heißen Ofen (Mitte) ca. 40 Min. backen, bis die Füllung obenauf fest ist. Herausnehmen und abkühlen lassen.

TOPPING: Schokolade grob raspeln. Sahne mit Zucker und nach Belieben Whiskey steif schlagen und wolkig auf dem Kuchen verteilen, mit Schokoraspeln bestreuen.

REGISTER

Abkürzungsverzeichnis:
E = Eiweiß
EL = Esslöffel (gestrichen)
F = Fett
kcal = Kilokalorien
KH = Kohlenhydrate
Msp. = Messerspitze
Pck. = Päckchen
TK = Tiefkühl
TL = Teelöffel (gestrichen)
Ø = Durchmesser

Projektleitung: Linh Nguyen
Lektorat: Christin Geweke
Korrektorat: Jutta Friedrich
Gesamtgestaltung: independent Medien-Design, München: Horst Moser (Artdirection), Lucie Heselich, Svenja Wamser
Herstellung: Mendy Willerich
Satz: Kösel, Krugzell
Reproduktion: medienprinzen GmbH, München
Druck und Bindung:
Firmengruppe APPL, aprinta druck, Wemding
Syndication:
www.seasons.agency
Printed in Germany

1. Auflage 2019
ISBN 978-3-8338-7078-1

www.facebook.com/gu.verlag

GRÄFE UND UNZER

Ein Unternehmen der
GANSKE VERLAGSGRUPPE

DIE AUTORIN

Tanja Dusy ist freie Foodjournalistin in München. Sie orientiert sich bei ihrer Arbeit am Puls der Zeit und ist ein echter Profi beim Thema Ernährungstrends. Ihre Rezepte überzeugen durch Kreativität und Verlässlichkeit. Von ihr sind bei GU zahlreiche erfolgreiche Kochbücher erschienen.

DIE FOTOGRAFIN

Vivi D'Angelo hegt eine Leidenschaft für gutes Essen und hat ein Händchen dafür, jedes Gericht im besten Licht zu präsentieren. Zusammen mit der Foodstylistin **Ana Novais** verwandelte sie ihr Studio in eine amerikanische Backstube und fotografierte die sündhaft guten Cookies, Cupcakes und Pies.

BILDNACHWEIS

Vivi D'Angelo: S. 06–59 und Stepfotos auf den Klappen
Coco Lang: S. 01, 05 und Stillleben auf den Klappen
Kathrin Koschitzki: Coverfoto
PicturePeople GmbH & Co. KG: Autorenfoto

Umwelthinweis:
Dieses Buch ist auf PEFC-zertifiziertem Papier aus nachhaltiger Waldwirtschaft gedruckt.

QUALITÄTS G|U GARANTIE

LIEBE LESERINNEN UND LESER,

wir wollen Ihnen mit diesem Buch Informationen und Anregungen geben, um Ihnen das Leben zu erleichtern oder Sie zu inspirieren, Neues auszuprobieren. Wir achten bei der Erstellung unserer Bücher auf Aktualität und stellen höchste Ansprüche an Inhalt und Gestaltung. Alle Anleitungen und Rezepte werden von unseren Autoren, jeweils Experten auf ihrem Gebiet, gewissenhaft erstellt und von unseren Redakteuren/innen mit größter Sorgfalt ausgewählt und geprüft.

Haben wir Ihre Erwartungen erfüllt? Sind Sie mit diesem Buch und seinen Inhalten zufrieden? Haben Sie weitere Fragen zu diesem Thema? Wir freuen uns auf Ihre Rückmeldung, auf Lob, Kritik und Anregungen, damit wir für Sie immer besser werden können. Und wir freuen uns, wenn Sie diesen Titel weiterempfehlen, in Ihrem Freundeskreis oder online.

Sollten wir Ihre Erwartungen so gar nicht erfüllt haben, tauschen wir Ihnen Ihr Buch jederzeit gegen ein gleichwertiges zum gleichen oder ähnlichen Thema um.

KONTAKT

GRÄFE UND UNZER VERLAG
Leserservice
Postfach 86 03 13
81630 München
E-Mail: leserservice@graefe-und-unzer.de

Telefon: 0 08 00 / 72 37 33 33*
Telefax: 0 08 00 / 50 12 05 44*
Mo – Do: 9.00 – 17.00 Uhr
Fr: 9.00 – 16.00 Uhr (*gebührenfrei in D,A,CH)

APPETIT AUF MEHR?

ISBN 978-3-8338-6621-0

ISBN 978-3-8338-6941-9

ISBN 978-3-8338-6875-7

ISBN 978-3-8338-6624-1

ISBN 978-3-8338-6700-2

ISBN 978-3-8338-6976-1

Alle hier vorgestellten Bücher sind auch als eBook erhältlich.

G|U

Mehr von GU auf **www.gu.de** und **facebook.com/gu.verlag**

DIE »GU KOCHEN PLUS«-APP

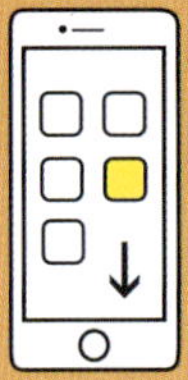

1 APP HERUNTERLADEN

Laden Sie die kostenlose »GU Kochen Plus«-App im Apple App Store oder im Google Play Store auf Ihr Smartphone. Starten Sie die App und wählen Sie Ihren Küchenratgeber aus.

2 REZEPTBILD SCANNEN

Scannen Sie das gewünschte Rezeptbild mit der Kamera Ihres Smartphones. Klicken Sie im Display die Funktion Ihrer Wahl.

3 FUNKTIONEN NUTZEN

Sammeln Sie Ihre Lieblingsrezepte. Speichern und verschicken Sie Ihre Einkaufslisten. Oder nutzen Sie den praktischen Supermarkt-Finder und den Rezept-Planer.